HERÓI E VILÃO

1

T01 - EPISÓDIO 01

Tudo começou em Qing Qing, na China, com o nascimento de um "bebê luminescente". Desde então, super-humanos e seus superpoderes – conhecidos como Individualidades – tornaram-se parte do mundo.

O mundo se tornou uma sociedade de super--humanos, e cerca de 80% da população tem agora algum tipo de característica especial. Na espiral de caos desse mundo, a carreira profissional de super-herói, com a qual todos sonhavam e que admiravam, ganhou notoriedade.

T01 - EPISÓDIO 01

Embora a situação signifique um aumento na quantidade de vilões determinados a usar suas Individualidades natas com propósitos malignos, também existem heróis com suas próprias Individualidades, prontos para confrontar o mal e superar obstáculos, criando uma sociedade que salva vidas, e não que as destrói.

2

T01 - EPISÓDIO 01

Oferecendo proteção contra superpoderes e enfrentando os vilões, os heróis logo foram aceitos pelo público, e este papel foi estabelecido como uma posição oficial.

Esta é a história de como Izuku Midoriya se tornou o maior de todos os heróis.

3

T01 - EPISÓDIO 01

DE ZERO A HERÓI

Izuku Midoriya nasceu sem nenhuma Individualidade, mas seu ídolo, o herói número 1, All Might, o inspira a alcançar seu nível de heroísmo. Ele sonha em se matricular no Colégio U.A.: a melhor escola para quem quer ser um herói profissional! Embora Midoriya seja um estudante esforçado e faça anotações de tudo que diz respeito a super-heróis, Katsuki Bakugo e seus outros colegas de classe caçoam de seus sonhos.

Nome:
Izuku Midoriya (Deku)

Nome de herói: Deku

Aniversário: 15 de julho

Altura: 166 cm

Individualidade: One For All

Tornar-se um herói sempre foi seu sonho, mas ele nasceu sem nenhuma Individualidade.

O herói número 1, All Might, descobre que Midoriya possui dentro de si a capacidade de se tornar um herói, então passa a ele a própria Individualidade, One For All. A determinação de Midoriya para ajudar outras pessoas é excepcionalmente forte.

INDIVIDUALIDADE: One For All

INFO: Esta Individualidade é uma união de poderes que foi transmitida de uma pessoa para outra, combinando as maiores habilidades físicas de cada uma. Dominar esta Individualidade exige muito treinamento.

5

T01 - EPISÓDIO 01

6

T01 - EPISÓDIO 03

7

T01 - EPISÓDIO 01

8

T01 - EPISÓDIO 01

Certo dia, depois da aula, Deku é atacado pelo Sludge Villain. O mais famoso e poderoso dos heróis, All Might, aparece e salva a vida dele! Depois desse primeiro encontro, Deku pergunta a All Might: "É possível se tornar herói sem ter uma Individualidade?" All Might, de repente, mostra sua forma verdadeira a Deku e revela sua condição atual, com um ferimento terrível causado por uma batalha do passado.

9

T01 - EPISÓDIO 02

10

T01 - EPISÓDIO 02

11

T01 - EPISÓDIO 02

12

T01 - EPISÓDIO 03

13

T01 - EPISÓDIO 03

Sludge Villain fica à solta e agarra Bakugo. Deku sabe que precisa salvá-lo e entra em ação sem parar para pensar nas consequências.

14

T01 - EPISÓDIO 03

Quando All Might testemunha o potencial de Deku para se tornar um herói, decide transmitir a ele sua própria Individualidade. Deku precisa passar por um treinamento bem intenso para dominar a Individualidade One For All, mas felizmente All Might está sempre à disposição para ajudá-lo a ficar mais forte e prepará-lo para o exame de admissão do Colégio U.A.

ENTRANDO NO COLÉGIO U.A.

Após receber a Individualidade One For All de All Might, Deku realiza o exame de admissão para o Curso de Heróis do Colégio U.A., tido como o mais difícil de todo o país. Em uma enorme cidade simulada, os estudantes devem batalhar contra os muitos vilões virtuais para ganhar pontos. Enquanto todos afastam os vilões virtuais usando suas Individualidades, Deku não consegue um único ponto, porque não sabe como usar o próprio poder.

15

T01 - EPISÓDIO 04

16

T01 - EPISÓDIO 04

18

T01 - EPISÓDIO 05

19

T01 - EPISÓDIO 06

Deku entra para a Classe 1-A do Curso de Heróis, junto de Bakugo, Ochaco Uraraka e Tenya Iida, que ele conheceu durante a prova. O novo professor da turma, Shota Aizawa (Eraser Head), desafia os alunos com um teste extremamente difícil de Apreensão de Individualidade.

17

Nome: Katsuki Bakugo

Aniversário: 20 de abril

Altura: 172 cm

Individualidade: Explosion

É amigo de infância de Izuku Midoriya, que o chama de Ka-chan. Tem muita confiança na própria inteligência, força física e habilidades excepcionais de batalha, e acredita com firmeza que se tornará o herói número 1.

Ainda precisa decidir seu nome de herói!

INDIVIDUALIDADE: Explosion

INFO: A Individualidade de Bakugo é a Explosion, com a qual o suor da palma de suas mãos passa a reagir como nitrogênio e explode.

próxima aula será com um professor muito especial: All Might! la consiste em um treino de batalha, simulando confrontos de eróis contra vilões: os heróis tentam recuperar uma arma nuclear irtual ou capturar os vilões dentro do tempo limite.

21

T01 - EPISÓDIO 06

20

T01 - EPISÓDIO 06

22

T01 - EPISÓDIO 06

Nome: Ochaco Uraraka

Nome de heroína: Uravity

Aniversário: 27 de dezembro

Altura: 156 cm

Individualidade: Zero Gravity

Se mudou sozinha para a cidade para poder frequentar o Colégio U.A. e tem uma personalidade animada e honesta. Deu apoio a Izuku Midoriya desde o primeiro momento em que os dois se conheceram, no exame de admissão.

Ela libera sua Individualidade fazendo uma pose com as mãos unidas.

INDIVIDUALIDADE: Zero Gravity

INFO: Uma Individualidade útil que elimina o peso de objetos tocados por Ochaco Uraraka.

24

T01 - EPISÓDIO 06

Deku e Ochaco formam o "time dos heróis" e enfrentam Bakugo e Iida no "time dos vilões". Em um acesso de fúria, Bakugo perde o controle e ataca Deku diretamente. Deku o confronta, usando a própria sagacidade e os conhecimentos que adquiriu até então.

25

T01 - EPISÓDIO 07

ATAQUE DOS VILÕES À U.S.J.

Enquanto os alunos da Classe 1-A estão participando de um treinamento de resgate na U.S.J., a unidade de simulação externa, a Liga dos Vilões surge de repente. O objetivo principal do grupo é matar All Might, então Aizawa e Thirteen tentam proteger os alunos do conflito. Um membro da Liga dos Vilões, Kurogiri, usa sua Individualidade para espalhar grande parte da turma por várias áreas diferentes da U.S.J.

26

T01 - EPISÓDIO 09

27

T01 - EPISÓDIO 10

28

T01 - EPISÓDIO 10

29

T01 - EPISÓDIO 10

30

T01 - EPISÓDIO 10

31

T01 - EPISÓDIO 10

Nome: Tomura Shigaraki

Aniversário: ?

Altura: ?

Individualidade: Decay

Sua Individualidade parece desintegrar qualquer coisa que ele toque com todos os cinco dedos.

32

T01 - EPISÓDIO 11

33

T01 - EPISÓDIO 13

Os atacantes são a Liga dos Vilões, comandados por Tomura Shigaraki, que também controla um grupo de poderosos "humanos artificiais" chamados Nomus. All Might chega à U.S.J. a tempo de salvar os estudantes. No entanto, os últimos vilões são demais para as limitações atuais de poder de All Might, então Deku e seus colegas entram em cena para ajudar.

34

T01 - EPISÓDIO 11

35

36

37

T01 - EPISÓDIO 12

38

T01 - EPISÓDIO 13

All Might consegue derrotar Nomu, porém, usou muito de seu poder e não consegue dar nem mais um passo! All Might assume sua verdadeira forma, mas Cementoss o ajuda a escondê-la na frente dos alunos da Classe 1-A.

39

T01 - EPISÓDIO 13

Liga dos Vilões

INFO: Uma organização maligna liderada por Tomura Shigaraki, com Kurogiri e Nomu como membros. O objetivo deles é assassinar All Might e trazer caos à sociedade dos heróis, eliminando o "símbolo da paz".

CLASSE 1-A

40

T01 - EPISÓDIO 05

41

T02 - EPISÓDIO 14

A Classe 1-A é formada por estudantes matriculados no Curso de Heróis do Colégio U.A. Todos os professores são grandes heróis, como All Might, Eraser Head, Present Mic, Cementoss e Midnight...

42

T02 - EPISÓDIO 14

Nome: Tenya Iida

Nome de herói: Tenya ⇒ Ingenium

Aniversário: 22 de agosto

Altura: 179 cm

Individualidade: Engine

Um estudante honesto e disciplinado, como Representante de Classe, sempre trata as regras e a segurança do grupo com respeito. Nasceu e foi criado em uma família de heróis, e seu irmão é o famoso herói Ingenium.

As sobrancelhas dele são inconfundíveis!

INDIVIDUALIDADE: Engine

INFO: Esta Individualidade permite a ele correr a velocidades impressionantes, graças aos órgãos especiais em suas panturrilhas.

ALUNOS DA CLASSE 1-A

- Izuku Midoriya
- Katsuki Bakugo
- Ochaco Uraraka
- Tenya Iida
- Shoto Todoroki
- Tsuyu Asui
- Minoru Mineta
- Eijiro Kirishima
- Momo Yaoyorozu
- Fumikage Tokoyami
- Denki Kaminari
- Yuga Aoyama
- Kyoka Jiro
- Mina Ashido
- Mezo Shoji
- Mashirao Ojiro
- Hanta Sero
- Toru Hagakure
- Rikido Sato
- Koji Koda

44

T02 - EPISÓDIO 14

FESTIVAL ESPORTIVO

Dois dias se passaram desde o confronto com a Liga dos Vilões, mas todos na Classe 1-A já estão animados: o Festival Esportivo do Colégio U.A., um grande evento televisionado para todo o Japão, acaba de ser anunciado! Todos os estudantes estão motivados a vencer, pois uma bela performance pode chamar a atenção de caça-talentos, que ficam nas plateias buscando novos profissionais em potencial.

45

T02 - EPISÓDIO 14

46

T02 - EPISÓDIO 15

47

T02 - EPISÓDIO 15

48

T02 - EPISÓDIO 16

49

T02 - EPISÓDIO 18

As principais competições do Festival Esportivo do Colégio U.A. para os alunos do primeiro ano são:

- *Corrida de Obstáculos*
- *Torneio Um Contra Um*
- *Batalha de Cavalaria*

50

T02 - EPISÓDIO 18

TORNEIO UM CONTRA UM

A primeira rodada da principal competição do Festival Esportivo do Colégio U.A. é disputada entre Deku e Hitoshi Shinso, do Curso de Estudos Gerais. Logo de início, Deku é vítima da Brainwashing, a Individualidade de Shinso, enquanto tenta discutir com o oponente por seus comentários ofensivos sobre Ojiro Mashirao.

51

T02 - EPISÓDIO 19

52

T02 - EPISÓDIO 19

53

T02 - EPISÓDIO 19

54

T02 - EPISÓDIO 20

55

T02 - EPISÓDIO 20

56

T02 - EPISÓDIO 20

Shinso comanda que Deku saia do ringue, e o corpo do garoto começa a se mover por conta própria: ele se move diretamente para o limite do espaço. Mas algo dentro da cabeça de Deku reage e ele libera o One For All dolorosamente do próprio dedo, recuperando o controle e conseguindo parar! Depois de derrotar a Individualidade de Shinso, Deku começa seu contra-ataque!

57

T02 - EPISÓDIO 19

58

T02 - EPISÓDIO 19

59

T02 - EPISÓDIO 22

A luta entre Bakugo e Ochaco começa. Ela tenta fazer seu oponente flutuar para ganhar a rodada usando sua Individualidade, Zero Gravity, mas não consegue se aproximar de Bakugo: o garoto evita o ataque de Ochaco usando o próprio poder, Explosion. Ochaco se prepara para usar seu golpe secreto e nocautear Bakugo! Ela grita: "Vou atacar igual ao Deku!".

60

61

62

T02 - EPISÓDIO 22

63

T02 - EPISÓDIO 22

64

T02 - EPISÓDIO 22

TORNEIO UM CONTRA UM

65

T02 - EPISÓDIO 23

Depois de ter derrotado Hanta Sero com facilidade, Shoto Todoroki precisa lutar contra Deku na próxima rodada. Até mesmo seu pai, Endeavor, está assistindo à luta de perto, porque acha que a batalha será um bom teste para a Individualidade do filho. Deku quer que Todoroki mostre a todos que pode ser diferente do pai.

66

T02 - EPISÓDIO 22

Nome: Shoto Todoroki

Nome de herói: Shoto

Aniversário: 11 de janeiro

Altura: 176 cm

Individualidade: Half-Cold Half-Hot

Um dos melhores estudantes da classe, muito inteligente e extremamente forte. Seu pai é Endeavor, o herói número 2, e Todoroki nasceu por causa da obsessão do pai por ter um herdeiro capaz de superar All Might.

Assim como a Individualidade, a cor de seu cabelo é dividida em dois.

68

T02 - EPISÓDIO 19

69

T02 - EPISÓDIO 24

INDIVIDUALIDADE: Half-Cold Half-Hot

INFO: A Individualidade dá a Shoto Todoroki o poder de congelar com a mão direita e queimar com a esquerda.

T02 - EPISÓDIO 22

70

T02 - EPISÓDIO 23

Do outro lado do ringue, Deku grita com todas as forças: "Esse poder é seu, não é?!". Todoroki se lembra do que quer se tornar e exclama: "Eu também quero ser um herói!", ao mesmo tempo em que libera chamas com a mão esquerda. Um calor intenso envolve o corpo de Deku, que é atirado para fora do ringue e perde a partida.

71

T02 - EPISÓDIO 25

72

T02 - EPISÓDIO 25

Todos os semifinalistas são da Classe 1-A. Quando Todoroki derrota Iida e Bakugo vence Fumikage Tokoyami, a rodada final está decidida! O cenário pega fogo desde o início: Bakugo continua a lutar sem hesitação pelo primeiro lugar contra Todoroki, que ainda está em conflito quanto a usar as chamas de sua mão esquerda depois da luta com Deku. A competição termina com Bakugo como vencedor!

73

T02 - EPISÓDIO 25

ASSASSINO DE HERÓIS

74

T02 - EPISÓDIO 24

Durante as últimas etapas da competição, Tenya Iida vai embora ao saber que seu irmão, Ingenium, foi ferido gravemente por Stain, um vilão chamado de Assassino de Heróis.

75

T02 - EPISÓDIO 24

INDIVIDUALIDADE: Bloodcurdle

INFO: Ao consumir o sangue de seu oponente, Stain é capaz de remover sua liberdade de movimentação.

T02 - EPISÓDIO 28

Após a conclusão do Festival Esportivo do Colégio U.A., a fama de todos os estudantes aumenta e logo eles dão início a um período de estágios com alguns heróis profissionais. Deku é selecionado como estagiário por Gran Torino: ninguém menos do que o professor de All Might! Sob sua orientação, Deku aprende a controlar o One For All.

T02 - EPISÓDIO 29

Stain decidiu cooperar com a Liga dos Vilões; juntos, eles atacam a Cidade de Hosu com Nomus. Endeavor, Gran Torino e muitos outros heróis profissionais correm até lá para impedir os Nomus, mas Iida, desesperado para se vingar por seu irmão, intercepta Stain em um beco escuro.

T02 - EPISÓDIO 29

Stain tenta matar Iida, e quando parece que não há mais esperança Deku surge, atacando com sua nova técnica, One For All: Full Cowling. Tendo recebido uma mensagem de Deku, Todoroki também se junta à batalha contra Stain.

T02 - EPISÓDIO 29

T02 - EPISÓDIO 30

T02 - EPISÓDIO 30

Deku e Todoroki arriscam a própria vida para enfrentar Stain e proteger Iida e os outros, que estão incapazes de se mover. Ao vê-los, Iida reúne seu poder e consegue ficar em pé, plenamente consciente de suas atitudes imaturas. Com o Full Cowling de Deku, o Recipro de Iida e a onda de calor de Todoroki, eles derrotam Stain!

T02 - EPISÓDIO 30

ESTÁGIOS DA CLASSE 1-A

Enquanto Deku e seus companheiros estão lutando contra Stain na Cidade de Hosu, Bakugo, Ochaco, Momo Yaoyorozu e o restante da Classe 1-A passam por poucas e boas em seus estágios. Durante o treinamento de Tsuyu Asui em um barco de patrulha com o herói marinho, Selkie, passageiros clandestinos são encontrados. Ela recebe a ordem de permanecer a bordo com o parceiro do herói, Sirius, mas encara uma batalha com um vilão no barco.

84

T02 - EPISÓDIO 32

85

T02 - EPISÓDIO 32

86

T02 - EPISÓDIO 27

87

T02 - EPISÓDIO 27

88

T01 - EPISÓDIO 32

89

T02 - EPISÓDIO 32

ERO
EMIA

VILÕES

HERÓIS PROFISSION

MIDNIGHT

RECOVERYGIRL

ENDEAVOR

MY HERO ACADEMIA

PLUS ULTRA

U.A. HIGH SCHOOL

50 CARDS PARA COLECIONAR

PANINI

Made in Brazil by
Panini Brasil Ltda. Barueri - SP

PANINI

MY HERO ACADEMIA

PANINI

PANINI

21 PAP

MY HERO ACADEMIA

RETIRAR A CAIXA

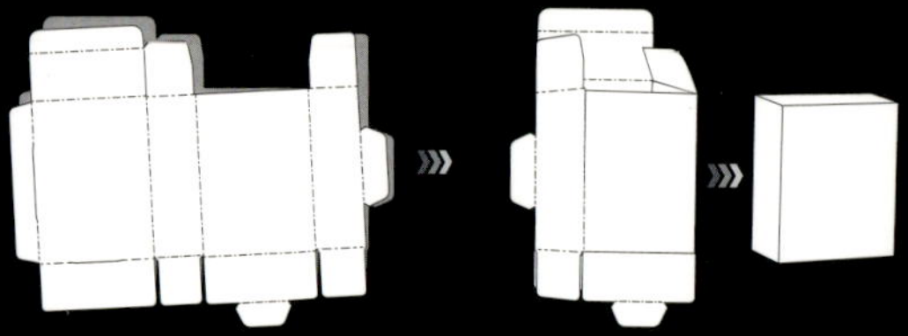

DOBRAR AO LONGO DA LINHA E FECHE A CAIXA

PANINI

www.panini.com.br

MY
ACA

MY HERO ACADEMIA
p7
p8
p9
STAIN
HIMIKO TOGA
ALL FOR O

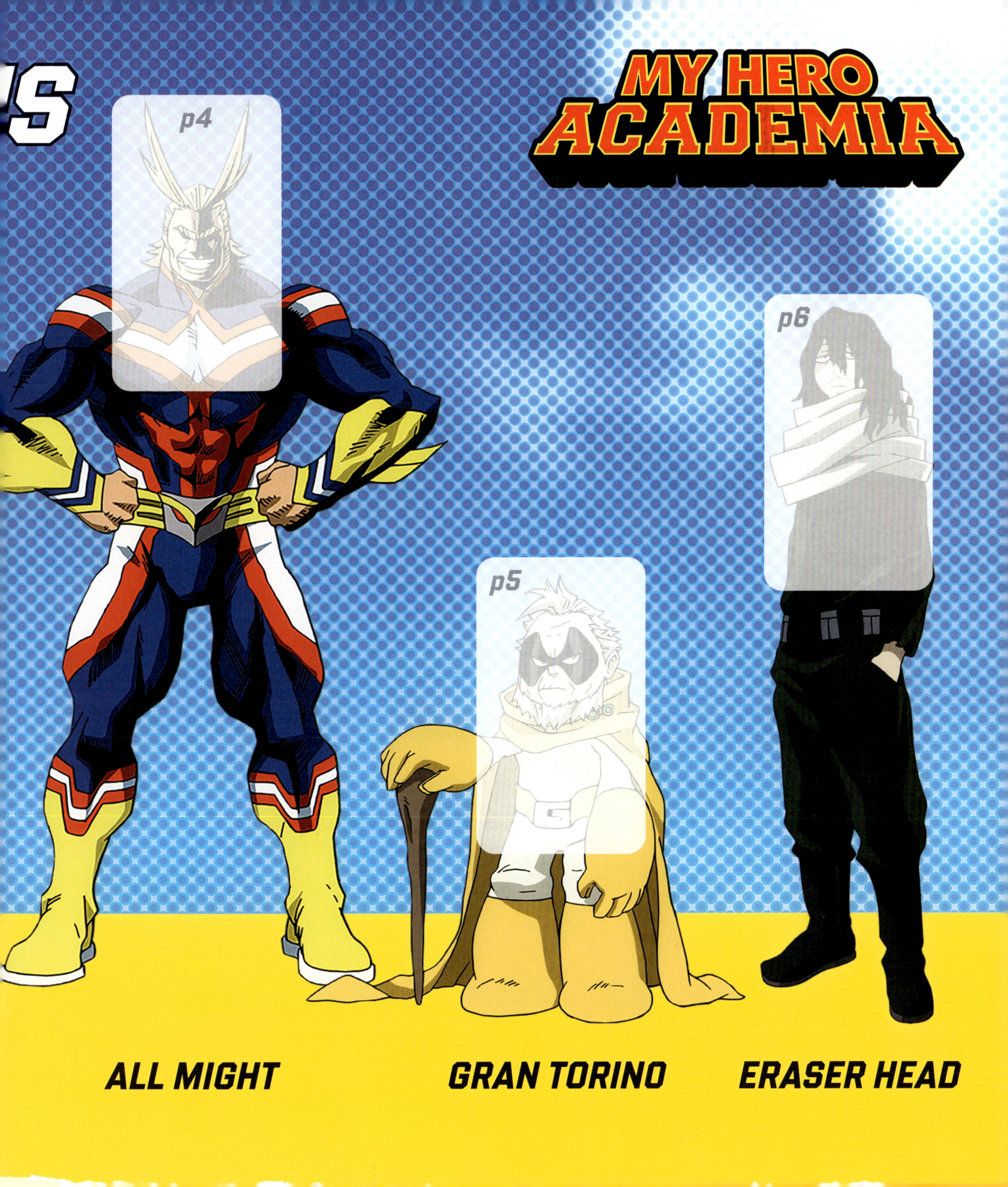
MY HERO ACADEMIA
ALL MIGHT
GRAN TORINO
ERASER HEAD

90

T01 - EPISÓDIO 33

Preocupado, All Might revela a Deku a origem do One For All, que se revela ser All For One, um grande vilão maligno capaz de tomar a Individualidade de uma pessoa e dá-la a outra. All For One almeja destruir All Might, e esteve trabalhando secretamente para transmitir essa missão a Shigaraki!

91

T01 - EPISÓDIO 28

92

T01 - EPISÓDIO 35

Chega o momento de testar o quanto os estudantes se desenvolveram em um exame final! Depois de uma prova escrita, os alunos da Classe 1-A passam pelo teste prático: é uma luta entre o professor e duplas de estudantes!

93

Nome: Tsuyu Asui

Nome de heroína: Froppy

Aniversário: 12 de fevereiro

Altura: 150 cm

Individualidade: Frog

Uma garota destemida e honesta que sempre diz o que pensa.

Sua Individualidade faz dela uma excelente nadadora, além de prover muitas outras habilidades típicas dos sapos!

INDIVIDUALIDADE: Frog

INFO: Froppy é capaz de esticar a própria língua para atacar, saltar grandes distâncias ou grudar-se em paredes, assim como um sapo.

94

T01 - EPISÓDIO 35

95

T01 - EPISÓDIO 36

TUDO SOBRE ALL MIGHT

96

T02 - EPISÓDIO 34

O exame prático tem início. Deku e Bakugo enfrentarão All Might! Deku tenta elaborar uma estratégia, mas Bakugo não quer dar ouvidos a ele. Se continuarem assim, não vão conseguir vencer, então Deku exclama: "Não era você que não ia desistir de ganhar?". Finalmente, os dois dão mais um passo para se tornarem heróis e colaboram entre si para encarar All Might.

97

T02 - EPISÓDIO 37

98

T02 - EPISÓDIO 34

99

T02 - EPISÓDIO 37

T02 - EPISÓDIO 37

102

T02 - EPISÓDIO 37

Dabi e Himiko Toga se juntam à Liga dos Vilões.

103

T02 - EPISÓDIO 38

As provas finais terminam e o acampamento de verão na floresta se aproxima. Deku e os outros vão às compras para se prepararem para o acampamento. Mas tem alguém seguindo Deku: é Tomura Shigaraki.

104

T02 - EPISÓDIO 38

Shigaraki confronta Deku no centro comercial e pergunta: "Qual é a diferença entre eu e o Assassino de Heróis?". Deku responde: "Para o Assassino de Heróis, assim como para mim, tudo começou com o All Might". Ao ouvir isso, Shigaraki declara sua convicção: "Eu vou matar All Might, criar um mundo sem ele e expor a vulnerabilidade da justiça".

105

T02 - EPISÓDIO 38

106

T02 - EPISÓDIO 38

O ATAQUE NO ACAMPAMENTO

O treinamento no acampamento de verão tem início sob a orientação do time de heróis Wild Wild Pussycats. Assim que os alunos chegam à área do acampamento, conhecem um garoto chamado Kota Izumi, que se desiludiu com os heróis.

107

T03 - EPISÓDIO 41

108

T03 - EPISÓDIO 40

109

T03 - EPISÓDIO 40

Começa o treinamento de fortalecimento de Individualidades com a Classe 1-B. O conceito é simples: cada aluno deve impulsionar suas Individualidades até os últimos limites.

110

T03 - EPISÓDIO 41

Ao conhecer Kota, Deku fica em conflito ao se ver diante do forte ódio do garoto em relação a suas convicções. Sem dar tempo para que uma resposta seja encontrada, as atividades do acampamento continuam e chega a hora do teste de coragem. Enquanto os alunos formam duplas e curtem a atividade, um gás venenoso começa a adentrar a floresta: o Esquadrão de Ação de Vanguarda da Liga dos Vilões ataca Deku e seus colegas!

111

T03 - EPISÓDIO 42

112

T03 - EPISÓDIO 42

114

T03 - EPISÓDIO 42

116

T03 - EPISÓDIO 42

117

T03 - EPISÓDIO 43

Deku precisa ultrapassar os próprios limites para derrotar o poder de Muscular, Muscle Augmentation, e salvar Kota. Aizawa permite que os alunos usem suas Individualidades, e o contra-ataque tem início.

O Assassino Carnal: Muscular, o vilão que matou os pais de Kota, agora avança contra o garoto. Mas Deku aparece para resgatá-lo.

113

T03 - EPISÓDIO 42

Nome: Eijiro Kirishima

Nome de herói: Red Riot

Aniversário: 16 de outubro

Altura: 170 cm

Individualidade: Hardening

115

Prova ser um ótimo amigo. É muito entusiasmado e a "Masculinidade" é seu lema.

INDIVIDUALIDADE: Hardening

INFO: Uma Individualidade muito útil que permite tanto atacar como defender-se ao endurecer seu corpo todo.

Tem uma pequena cicatriz acima do olho direito.

RESGATE DE BAKUGO

Deku corre para ajudar a resgatar Bakugo, um alvo da Liga dos Vilões, mas Tokoyami está em apuros, perdendo o controle de sua Dark Shadow na floresta escura. Deku cria um plano que resulta na derrota do vilão Moonfish e, com a ajuda de Bakugo e Todoroki, a Dark Shadow volta à forma normal.

118

T03 - EPISÓDIO 43

Nome: Momo Yaoyorozu

Nome de heroína: Creaty

Aniversário: 23 de setembro

Altura: 173 cm

Individualidade: Creation

É uma das melhores alunas dentre todos os estudantes do primeiro ano do Colégio U.A.

Sua Individualidade se prova muito útil!

INDIVIDUALIDADE: Creation

INFO: A habilidade de criar qualquer matéria orgânica, exceto seres vivos.

120

T03 - EPISÓDIO 44

121

T03 - EPISÓDIO 44

O grupo se junta a Ochaco e Tsuyu, que acabaram de escapar de Himiko Toga. Quando pensam que estão sãos e salvos, Bakugo e Tokoyami são capturados pelo vilão Mr. Compress!

Passando um sufoco para salvar os amigos, os alunos conseguem resgatar Tokoyami, mas Bakugo continua prisioneiro da Liga dos Vilões. O acampamento de treinos chega a um fim desolador, e o Colégio U.A. recebe críticas duras por não ter sido capaz de proteger os estudantes.

122

T03 - EPISÓDIO 45

123

T03 - EPISÓDIO 46

Graças à Individualidade de Yaoyorozu, um transmissor foi conectado a um vilão, permitindo que os heróis profissionais localizem o esconderijo e organizem um contra-ataque. Deku, Iida, Todoroki, Eijiro Kirishima e Yaoyorozu querem resgatar Bakugo, mesmo não tendo permissão.

124

T03 - EPISÓDIO 46

125

T03 - EPISÓDIO 46

O grupo se disfarça e segue o sinal do transmissor até o distrito de Kamino. Enquanto isso, Shigaraki convida Bakugo para se juntar à Liga dos Vilões, mas o garoto rejeita a proposta, dizendo a ele: "Eu sempre admirei as vitórias de All Might".

126

T03 - EPISÓDIO 45

127

T03 - EPISÓDIO 46

All Might e os heróis profissionais se reúnem no quartel-general secreto da Liga dos Vilões e na fábrica de Nomus: o ataque tem início!

128

T03 - EPISÓDIO 46

ALL MIGHT X ALL FOR ONE

As equipes de heróis profissionais cercam a fábrica de Nomus que Deku e os outros descobriram. Depois que Shigaraki responde à pergunta de All Might, dizendo "Eu odeio você!", múltiplos Nomus surgem de repente e invadem o quartel-general da Liga dos Vilões. Então, o maior inimigo de todos, All For One, aparece diante de Deku e do restante dos alunos.

T03 - EPISÓDIO 47

T03 - EPISÓDIO 47

T03 - EPISÓDIO 47

T03 - EPISÓDIO 48

A Liga dos Vilões e Bakugo se teletransportam até a fábrica de Nomus, onde All For One está aguardando. Deku e seus colegas se escondem no mesmo lugar, mas sentem tanto medo na presença do vilão que não conseguem mover um músculo. Porém, All Might entra em cena, pronto para confrontar seu arqui-inimigo.

INDIVIDUALIDADE: All For One

INFO: All For One rouba Individualidades e as concede a outras pessoas. Também permite o uso de múltiplas Individualidades ao mesmo tempo.

T03 - EPISÓDIO 48

A tão esperada luta entre All Might e All For One tem início. Ao redor deles, Shigaraki e a Liga dos Vilões atacam Bakugo. Então, de repente, Deku pensa em um plano para salvarem o colega sem que precisem lutar!

134

T03 - EPISÓDIO 48

135

T03 - EPISÓDIO 48

O grupo resgata Bakugo com sucesso! All Might dá tudo de si, mas chega ao limite; sua verdadeira forma, que foi mantida em segredo do mundo, é exposta na TV. Contudo, All Might mantém sua determinação, até que All For One revela um segredo: Shigaraki é o neto de Nana Shimura, a mentora do herói número 1.

136

T03 - EPISÓDIO 49

137

138

T03 - EPISÓDIO 49

All Might fica devastado, porém, para proteger todos uma última vez como o símbolo da paz, ele volta a se erguer, derrotando All For One!

139

140

T03 - EPISÓDIO 49

PROTEGER E EVOLUIR

O mundo perde seu símbolo da paz quando All Might esgota todos os seus poderes para derrotar e prender All For One. Mas a Liga dos Vilões escapa. Portanto, para proteger os estudantes, o Colégio U.A. decide dar início a um sistema de internato. All Might e Aizawa visitam a casa de cada um dos alunos para explicar a situação.

141

T03 - EPISÓDIO 49

142

T03 - EPISÓDIO 50

143

T03 - EPISÓDIO 50

O Exame da Licença Provisória está se aproximando e os alunos da Classe 1-A usam o resto das férias de verão para fortalecer suas Individualidades enquanto desenvolvem suas técnicas secretas.

144

T03 - EPISÓDIO 52

145

T03 - EPISÓDIO 52

146

T03 - EPISÓDIO 52

Com seu novo traje e a ajuda de Mei Hatsume, do Curso de Suporte, Deku desenvolve um novo golpe, Shoot Style, que conta com o uso de suas pernas. Está na hora do teste, e alguns dos candidatos vêm do Colégio Shiketsu, como Inasa Yoarashi, Seiji Shishikura e Camie Utsushimi.

147

T03 - EPISÓDIO 53

148

T03 - EPISÓDIO 53

Conforme os alunos da Classe 1-A competem com esses estudantes, eles descobrem que a primeira etapa do teste é um exercício de imenso alvoroço, no qual os primeiros 100 dentre 1.540 candidatos são aprovados para a próxima fase.

150

T03 - EPISÓDIO 54

151

T03 - EPISÓDIO 54

Deku e seus amigos evitam os ataques dos outros alunos usando suas técnicas secretas.

Nome: Fumikage Tokoyami

149

Nome de herói: Tsukuyomi

Aniversário: 30 de outubro

Altura: 158 cm

Individualidade: Dark Shadow

Um cara de personalidade tranquila que tem a aparência de um pássaro. Sua Individualidade, Dark Shadow, está sempre conectada a ele!

Ele ficou em terceiro lugar no Festival Esportivo do Colégio U.A.

INDIVIDUALIDADE: Dark Shadow

INFO: Esta Individualidade pode trazer à vida um monstro flexível feito de sombras.

EXAME DA LICENÇA PROVISÓRIA

Os alunos da Classe 1-A estão sob intensa pressão e precisam de perspicácia para evitar serem esmagados pela multidão de candidatos na primeira etapa do exame.

152

T03 - EPISÓDIO 55

T03 - EPISÓDIO 55

156

T03 - EPISÓDIO 55

157

T03 - EPISÓDIO 56

Não é fácil, mas por fim os alunos da Classe 1-A passam pelo teste de sobrevivência da primeira fase.

158

T03 - EPISÓDIO 56

159

T03 - EPISÓDIO 55

160

T03 - EPISÓDIO 57

161

T03 - EPISÓDIO 57

A segunda etapa do exame é o Exercício de Resgate! Ele envolve uma simulação de um ataque terrorista em grande escala. A semelhança com o ataque em Kamino deixa Deku mais determinado.

162

T03 - EPISÓDIO 57

163

T03 - EPISÓDIO 57

Gang Orca e seus subordinados, fazendo o papel dos terroristas, invadem a arena. Os candidatos devem optar por lutar contra eles ou ajudar as vítimas.

164

T03 - EPISÓDIO 59

INDIVIDUALIDADE: Whirlwind

INFO: Esta Individualidade permite a Inasa Yoarashi criar ventos incríveis e usá-los para atacar.

T03 - EPISÓDIO 59

Todoroki e Yoarashi decidem enfrentar Gang Orca, mas, devido ao mau trabalho em equipe, acabam atrapalhando um ao outro. Eles precisam combinar as Individualidades e criar um plano para escapar dessa situação desesperadora!

A REVANCHE DE DEKU E BAKUGO

168

T03 - EPISÓDIO 60

Dezoito estudantes da Classe 1-A são aprovado no exame e recebem a Licença Provisória de Heróis, exceto Bakugo e Todoroki. Yoarashi, do Colégio Shiketsu, também foi reprovado, e agora os três precisam se preparar mentalmente para um curso de treinamento especial.

Mais tarde, naquela noite, Bakugo chama Deku e diz: "Você ganhou sua Individualidade do All Might. Nós vamos lutar. Aqui. Agora!". Mais uma vez, Deku compete contra Bakugo no Campo Beta, o lugar onde já derrotou o colega antes.

169

T03 - EPISÓDIO 60

170

T03 - EPISÓDIO 60

171

172

173

T03 - EPISÓDIO 61

174

T03 - EPISÓDIO 61

175

T03 - EPISÓDIO 61

176

T03 - EPISÓDIO 61

177

T03 - EPISÓDIO 61

Quando Deku percebe que Bakugo se sente responsável por ter sido capturado e que está sofrendo com a culpa pelo esgotamento dos poderes de All Might, ele decide lutar com toda a sua força. Enquanto batalham, os dois conversam com sinceridade.

178

T03 - EPISÓDIO 61

179

180

181

T03 - EPISÓDIO 61

A chegada de All Might coloca um fim na luta. Ele explica a Bakugo sobre sua Individualidade, One For All, e diz que se machucou gravemente, chegou ao seu limite, e escolheu seu sucessor.

THE BIG 3

Com o início do segundo semestre no Colégio U.A., os estudantes descobrem seus novos cronogramas de trabalho e estudos. Deku e Bakugo ainda estão confinados de castigo quando Deku encontra um homem estranho ao lado do dormitório. Ele é Mirio Togata, um dos três melhores alunos do terceiro ano do Colégio U.A. Os chamados The Big 3: Mirio Togata, Tamaki Amajiki e Nejire Hado!

182

T03 - EPISÓDIO 62

183

T03 - EPISÓDIO 62

Mirio é tão forte que consegue lutar sozinho contra a Classe 1-A inteira!

INDIVIDUALIDADE:
Permeation

INFO: Permite que qualquer coisa passe através do corpo do usuário.

184

T03 - EPISÓDIO 63

185

186

187

T03 - EPISÓDIO 62

188

T03 - EPISÓDIO 63

Enquanto isso, um membro da Liga dos Vilões, Twice, conhece um homem misterioso chamado Overhaul, um líder da Shie Hassaikai. Uma nova batalha entre heróis e vilões está prestes a começar!